Dedicado a cada hermano que ama a alguien que padece de CHD

En memoria de Liam, el niño que, con su vida, inspiro historias

Nota para los Padres y Familia

"El Bebé tiene un Boo-boo" es el segundo libro de una serie diseñada para ayudar a los padres y la familia a guiar de un niño con un defecto cardíaco congénito (CHD). Este libro ayuda a guiar a lost hermanos durante la estadía en el hospital de un hermano. Algunos de los temas de "Los médicos ayudan al bebé" se trasladan y amplían en este libro para ayudar a los hermanos a comprender y afrontar las complejidades de una estadía prolongada en el hospital después de una cirugía a corazón abierto.

La estadía en el hospital después de una cirugía invasiva es un momento de incertidumbre para todos, incluidos los niños pequeños. Este libro está diseñado para ayudar a guiar a los niños a través del proceso de curación de su hermano. Mientras comparte este libro con el niño, háblele sobre la situación específica de su hermano. Anímelos a compartir cómo se sienten con respecto a su hermano y todos los cambios que han ocurrido dentro de la familia.

Se pueden encontrar otros recursos en: www.littlehearts.org, www.mendedhearts.org, www.conqueringchd.org y www.pted.org

También puede encontrar grupos de apoyo de CHD locales en su área.

Cuando me caigo y me raspo la rodilla, mamá y papá limpian mi boo-boo y me dan una curita para que me la ponga hasta que se sienta mejor.

El bebé tiene un boo-boo en el pecho del bebé.

¿Puedes ver el vendaje?

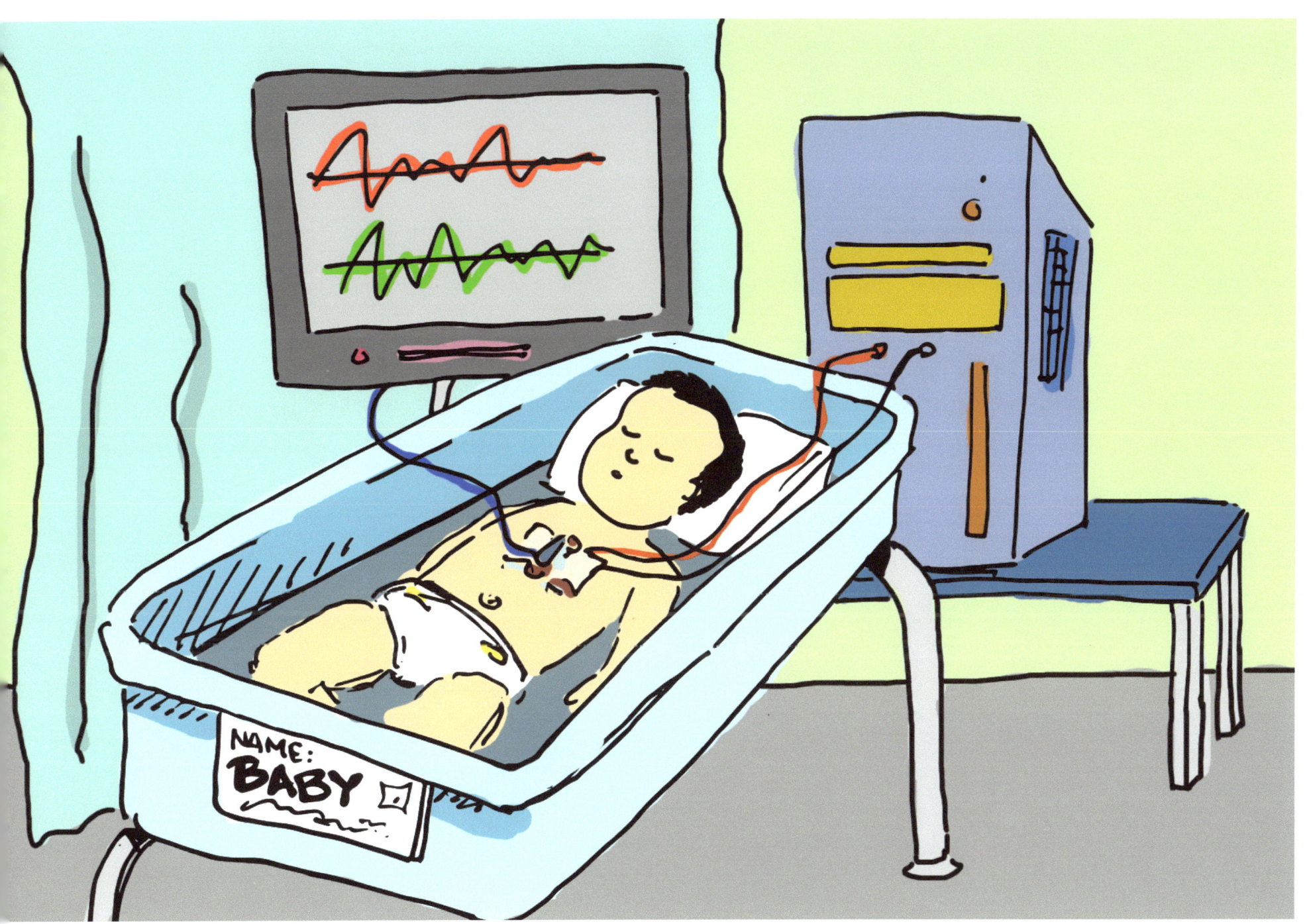

Hay muchas máquinas en la habitación del bebé. Tienen luces y hacen todo tipo de ruidos. Ayudan a los médicos y enfermeras a saber cómo se siente el bebé.

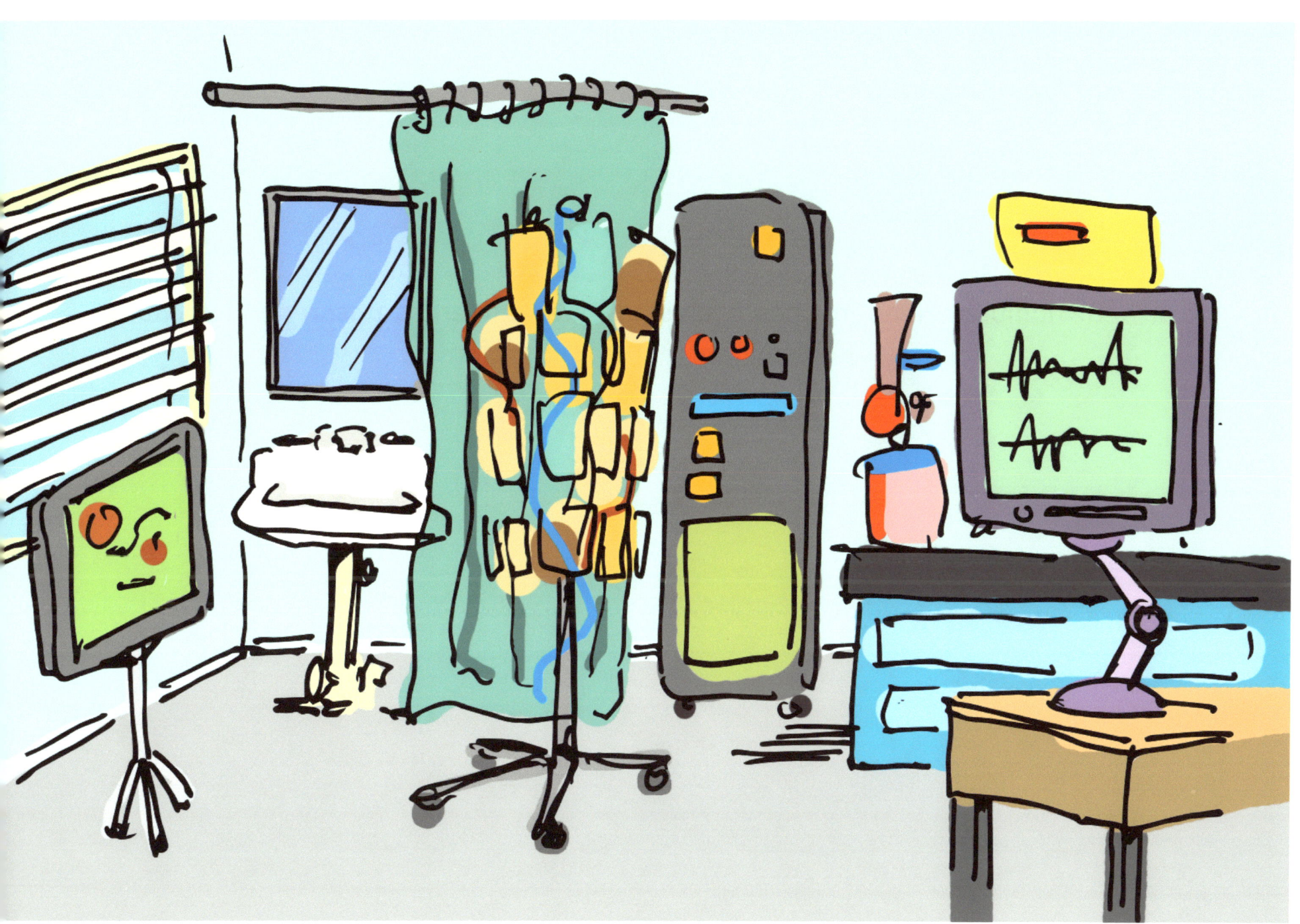

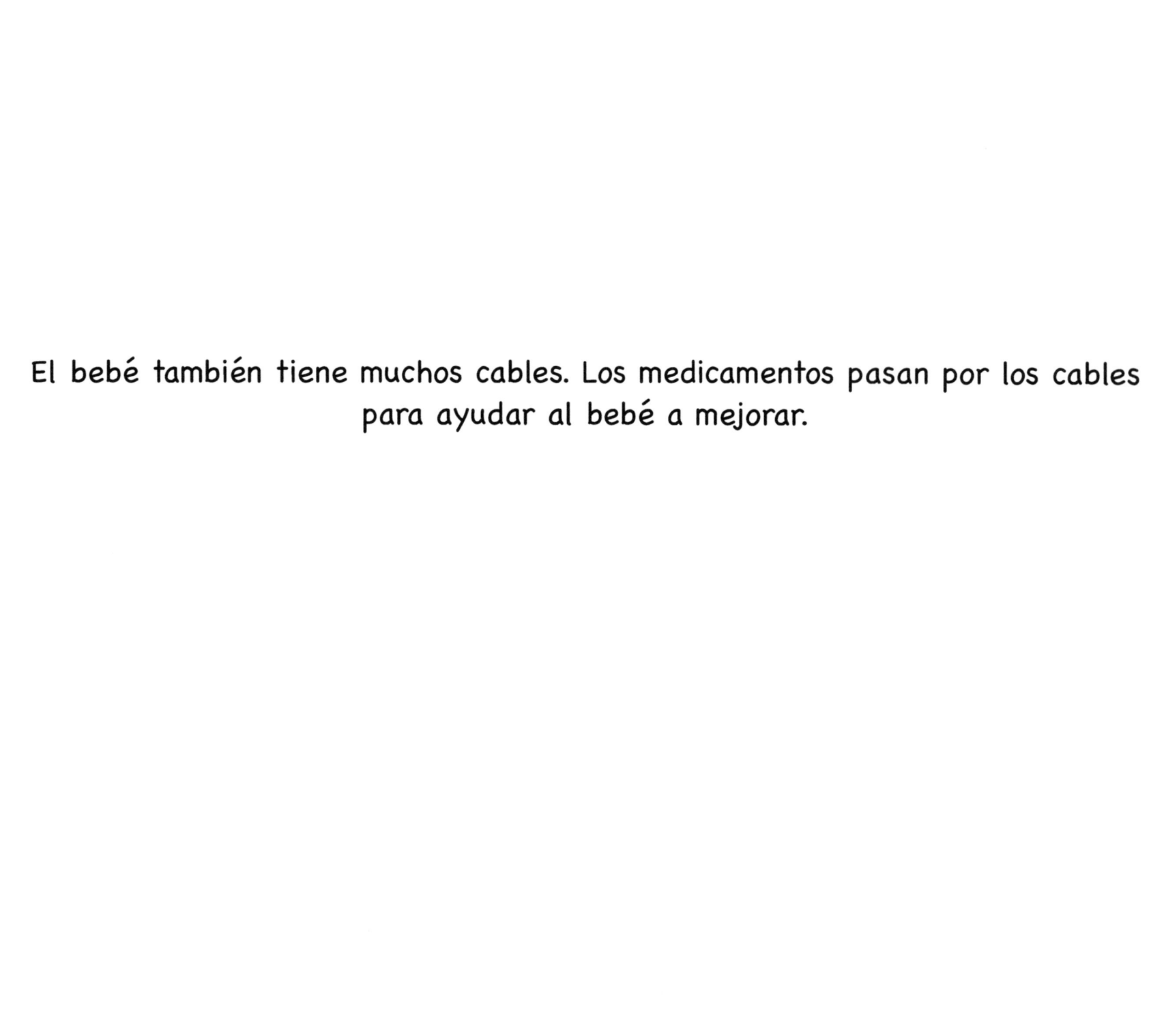

El bebé también tiene muchos cables. Los medicamentos pasan por los cables para ayudar al bebé a mejorar.

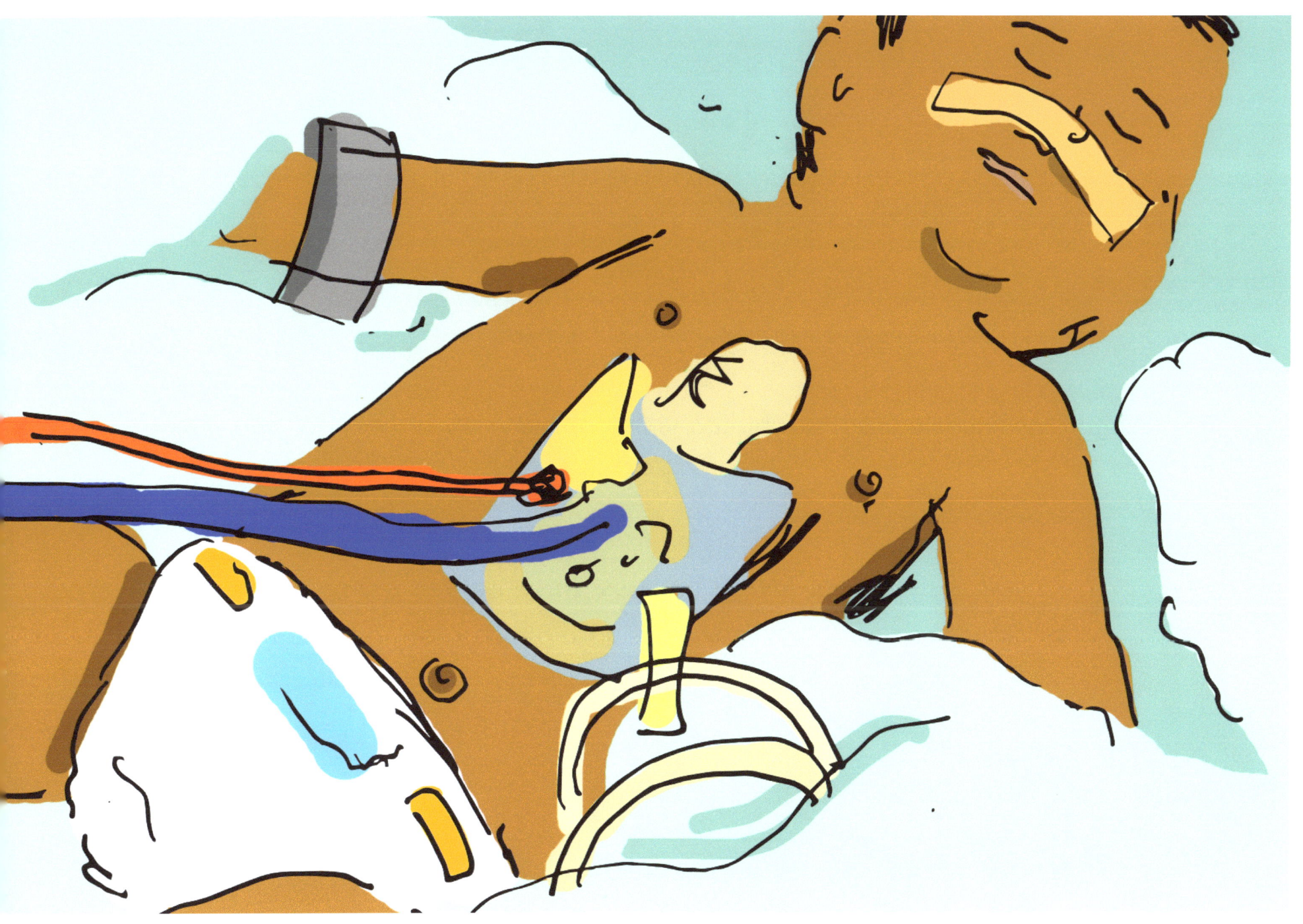

¡Estoy tan emocionada que puedo visitar a bebé en el hospital con mamá y papá!

Siempre me lavo las manos antes de ver a Baby.

Puedo besar a bebé en la parte superior de la cabeza. Puedo tocar a bebé en los pies.

Puedo traer dibujos que dibujé en casa para animar al bebé.

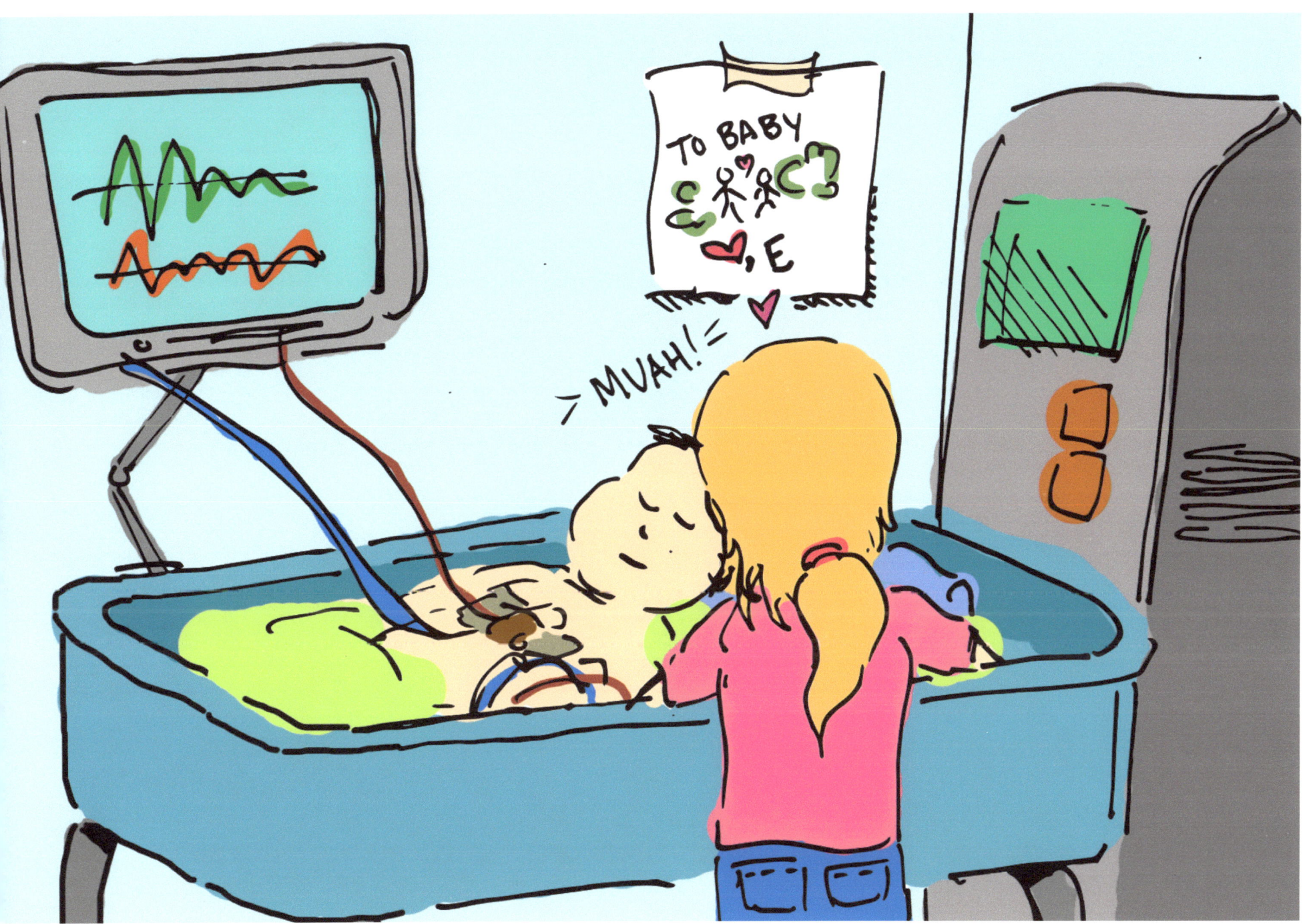

A veces, mamá y papá van al hospital sin mí. Cuando están fuera, me quedo con familiares y amigos.

Extraño a mamá y papá, pero sé que siempre volverán a casa.

Siempre hay alguien ahí para abrazar y amar a bebé, incluso cuando estoy en casa con mamá y papá.

Una enfermera cuida al bebé todos los días y todas las noches.

El bebé vive en el hospital hasta que los médicos digan que puede irse a casa.
El bebé puede tardar mucho en sentirse mejor.

Me siento triste porque extraño a bebé.

Amo a bebé y seré muy feliz cuando bebé vuelva a casa para vivir conmigo.

¡Ven a casa pronto, cariño!

Sobre los autores

Jenna es una mamá que trabaja con pasión por la concienciación y la defensa de la enfermedad coronaria después del nacimiento de su hijo, que fue diagnosticado con síndrome del corazón izquierdo hipoplásico (HLHS) y que murió inesperadamente de complicaciones relacionadas con el corazón en septiembre de 2020. Tiene una licenciatura en literatura de la Universidad de North Georgia. En su tiempo libre, disfruta de la fotografía, la pintura y le gusta leer ciencia ficción.

Jenna, su esposo y sus dos hijas viven en Durham, Carolina del Norte. Puedes seguir su historia en su blog: https://heartwarriorparenting.blogspot.com/

Dana Langston, PsD., es licenciada en psicología que se siente honrada de trabajar con niños, adolescentes y adultos en Raleigh, NC. Le encanta ser mamá para sus dos hijos, su hija y su pastor alemán. ¡En su tiempo libre, a Dana y su esposo les gusta ver programas divertidos en Netflix!

Maggie French es una ilustradora y pintora independiente que vive en Savannah, GA. Como ilustradora, Maggie trabaja para una variedad de pequeñas empresas. Maggie recibió su BFA en Studio Art de UNC-Chapel Hill. En su tiempo libre, a Maggie le gusta dibujar, cocinar y emprender aventuras en kayak en el pantano alrededor de Savannah con su esposo, Hansen. Para ver más de su trabajo, visite www.maggiebfrench.com

www.ingramcontent.com/pod-product-compliance
Lightning Source LLC
Chambersburg PA
CBHW041421160426

42811CB00105B/1862